AF211002

Zweite, überarbeitete Auflage – 2025
Erstveröffentlichung im Jahr 2017
© 2025, Alma September
Alma September ist das Pseudonym von H. Özcelik

#GedankenAnstalt / H. Özcelik

Hinweis zur Veröffentlichung:
Diese überarbeitete Ausgabe stellt eine inhaltlich und
sprachlich erweiterte Fassung der Originalausgabe aus dem Jahr
2017 dar. Die ISBN sowie einzelne gestalterische Elemente
wurden im Zuge der Neuausgabe angepasst.

Bibliografische Information der Deutschen Nationalbibliothek:
Die Deutsche Nationalbibliothek verzeichnet diese Publikation
in der Deutschen Nationalbibliografie. Detaillierte Daten sind
online abrufbar unter: http://dnb.dnb.de

Umschlaggestaltung & Fotografie:
Vorlage: Modern Cream and Beige Web von anna42f (via Canva)
Anpassung des Hauptdesigns (Farben & Cover-Konformität):
H. Özcelik

Verlag:
BoD · Books on Demand GmbH, Überseering 33,
22297 Hamburg, bod@bod.de
Druck:
Libri Plureos GmbH, Friedensallee 273, 22763 Hamburg
ISBN 978-3-8192-2864-3

#GedankenAnstalt
140 Zeichen mehr oder weniger...

Vorwort

„Aphorismen" – ein Begriff, der die Kunst des prägnanten Ausdrucks verkörpert, in dem eine tiefe Wahrheit oder Beobachtung in wenigen, klaren Worten eingefangen wird. Dieses Buch ist eine Sammlung solcher Gedanken, die in ihrer Knappheit doch so viel mehr zu sagen haben.

Es sind nicht nur bloße Wortansammlungen, sondern vielmehr Momentaufnahmen, die das Leben, seine Höhen und Tiefen, in einer Weise widerspiegeln, die den Leser zum Nachdenken anregen. Sie sind die Essenz von Augenblicken, die mit Bedacht gewählt und zu einem tieferen Verständnis des Selbst, der Welt und der menschlichen Erfahrungen führen.

Die Gedanken, die hier niedergeschrieben sind, sind nicht nur zeitgebunden, sondern bleiben, wie jede echte Form des Aphorismus, auch über Jahre hinweg von Bedeutung. Auch wenn die Worte aus dem Jahr 2017 stammen, tragen sie eine zeitlose Relevanz, die den Leser in jeder Epoche ansprechen kann.

Der Aphorismus ist nicht nur ein Ausdruck des Individuums, sondern auch ein Spiegel der kollektiven menschlichen Erfahrung. Er ist ein Schlüssel, der Türen zu tieferem Verständnis öffnet, zu Momenten der Erkenntnis, zu einem Blick hinter die Fassaden des Alltags.

In einer Welt, in der oft mehr gesprochen als gehört wird, bieten diese Zeilen eine Rückkehr zur Klarheit – eine Einladung, in der Stille zwischen den Worten nach der Wahrheit zu suchen.

Sie sind mehr als nur Aussagen, sie sind Fragen, Antworten und auch unerforschte Gebiete des eigenen Denkens. Und so wie jeder Aphorismus ein Fenster in eine andere Welt öffnen kann, so kann auch dieses Buch dir, lieber Leser, neue Perspektiven aufzeigen und den Raum schaffen, um über das nachzudenken, was du vielleicht schon lange in dir trägst.

Die Worte in diesem Buch sind keine endgültigen Wahrheiten, sondern Ansichten und Einsichten, die dich einladen, deine eigenen Gedanken weiterzuspinnen und zu hinterfragen. Sie sind der Beginn einer Reise, nicht das Ende.

Alma September

#GedankenAnstalt

140 Zeichen mehr oder weniger...

Band I

Dieses Herz, nur Dich vermisst es...

#GedankenAnstalt
140 Zeichen mehr oder weniger...

Alma September

Es gibt viele Momente der Kreativität.

Manche finden ihr Sinnbild,
andere nehmen Gestalt an – im Kopf, im Herzen,
in fiktiven Dialogen mit dem Leben selbst.

Dieses Buch versammelt Auszüge von Gedanken,
die ich vielen Momenten der letzten Jahre gewidmet habe.
Es war oft still um mich –
und doch war da stets eine Stimme.
Ich suchte nur den richtigen Ton:
in Räumen, in Lebensphasen,
und manchmal auch in Menschen.

Im Zeitalter virtueller Offenbarungen und flüchtiger
Veröffentlichungen
sehne ich mich nach dem Rascheln echter Seiten.
Darum findest du hier auch Gedankengänge,
die ursprünglich ihren Weg in die Welt über Twitter*,
Instagram* und andere digitale Orte fanden –
nun aber hier, zwischen diesen Seiten, ein neues Zuhause
erhalten.

(*Privat-Account: @GedankenAnstalt)

Ich halte die Momentaufnahme meiner Gedanken fest,
weil ich die Vergänglichkeit nicht einfach zulassen will.
In jedem flüchtigen Augenblick steckt eine Welt,
die ich nicht ohne Erinnerung dahinschweifen lassen
möchte.
So wie der Sand in den Händen, der langsam entgleitet,
versuche ich, ihn zu bewahren –
wenn auch nur für einen Augenblick.

„Gewidmet an das – *Irgendwann* – und das – *Vielleicht* – zwischen uns…"
An all die Momente, die nie fest wurden,
aber trotzdem hier sind – im Fluss, im Schweigen, im Warten.
An die Räume, die wir uns schufen –
mit leeren Versprechungen und vagen Hoffnungen,
die sich doch nie ganz verloren haben.
Vielleicht sind wir nur für diesen Augenblick gedacht,
und irgendwann bleibt nur die Erinnerung
an das, was niemals ganz war.

„Ich bin so verwirrt", seufzt das Herz leise vor sich hin...
Es hört das eigene Pochen,
weil der Gedanke an diesen Menschen
es nicht ruhig werden lässt.
Der Takt wird schneller, das Atmen flacher,
und der Kopf wird schwerer von all dem, was nicht gesagt
werden kann.
Die Zeit, sie verrinnt,
und doch bleibt der Gedanke –
länger als er sollte.

02.04.2017 / 21:03 Uhr

„Im freien Fall erkennst Du vieles...“
flüstert die Erinnerung mit einem leisen Lächeln.
„Im freien Fall will ich nur erkennen, wer ich bin“,
antworte ich,
meine Worte schwer wie der fallende Atem.
Die Dunkelheit der Ungewissheit umhüllt mich,
doch in diesem Fall, in dieser Leere,
finde ich meine Antwort –
vielleicht nicht jetzt, aber irgendwann.

21.03.2017 / 21:44 Uhr

„Nichts löscht sie aus, meine Sehnsucht."
Sie bleibt, tief in mir,
unermüdlich, wie ein Schatten, der niemals weicht.
Kein Wind, keine Zeit, kein Abstand –
sie ist da, wie der Puls des Lebens,
unaufhörlich, unauslöschlich.

21.03.2017 / 21:35 Uhr

„Und wenn alles um Dich herum Dir das Atmen schwermacht,
wird es Zeit zu gehen…"
Der Moment, in dem die Luft so dicht wird,
dass jeder Atemzug wie ein Kampf erscheint.
Der Körper schreit nach Freiheit,
nach Raum zum Atmen, nach Ruhe.
Es ist kein Weglaufen,
es ist ein Schritt in die Leichtigkeit.
Vielleicht ist es der einzige Weg,
um wieder frei zu sein.

#22UhrNonMention
25.09.2015 / 22:08

Er ist schwer, der unsichtbare Knoten,
der die Tiefen in uns zerrt,
bis wir glauben, zu zerbrechen.
Doch in diesem Schmerz –
finden sich Seelen,
verstehen sich ohne Worte,
verknüpfen sich im Schweigen,
als ob sie sich gegenseitig stützen könnten
auf diesem einsamen Weg.

#22UhrNonMention
04.10.2015 / 22:08 Uhr

„Und wenn Wahrheiten immer ein Grund zum Gehen sind,
was würde uns noch halten können?"
Ist es die Angst vor der Freiheit,
die uns zurückhält?
Oder die Hoffnung,
dass das, was uns einst hielt,
trotz aller Offenbarungen noch existiert?
Würden wir an diesem Ort verweilen,
wenn die Wahrheit uns zerbricht?
Oder ist der Mut, uns zu befreien,
der wahre Halt, den wir suchen?

#22UhrNonMention
03.10.2016 / 22:07 Uhr

**„...wenn ich Dir meine Ängste in Deine Hände lege,
wirst Du damit behutsam umgehen können?"**
*Werden Deine Finger sanft genug sein,
um die zarten, zerbrechlichen Teile meiner Seele zu
halten?
Wirst Du mich in meiner Fragilität erkennen
und meine Dunkelheit mit einem stillen Verständnis
umfassen?
Es ist eine Bitte,
keine Forderung –
kannst Du der Last meiner Ängste standhalten,
ohne sie zu zerdrücken?*

**#22UhrNonMention
06.10.2015 / 22:02 Uhr**

**„Ich habe in all den Unendlichkeiten meiner Gedanken
etwas Wunderbares entdeckt.
Dich."**
*Du warst der leise Funken,
der in der Dunkelheit aufblühte,
der in den unzähligen Wegen meines Denkens
plötzlich vor mir stand.
Wie ein Stern, der sich aus der Unendlichkeit formt,
so fand ich Dich –
in der Tiefe meiner eigenen Gedankenwelt,
ein Wunder, das nicht gesucht, sondern gefunden wurde.*

**#22UhrNonMention
06.10.2015 / 22:08 Uhr**

**„Wenn Du mich nicht mehr hören kannst,
dann muss ich halt schweigen.
Wie immer.“**
*Die Worte verfliegen im Raum,
unverstanden, ungehört,
und was bleibt, ist das Schweigen,
die einzige Sprache, die noch übrig bleibt.
Ein Schweigen, das nicht immer Wahl ist,
sondern oft der einzige Schutz,
um nicht an den Worten zu ersticken.*

**#22UhrNonMention
26.10.2015 / 22:04 Uhr**

**„An sich Glauben,
weil das Aufstehen weniger wehtat,
als das Hinfallen."**

*Es ist der Glaube, der uns trägt,
in den Momenten, in denen der Boden zu weichen scheint.
Jeder Schritt nach dem Fall ist ein Bekenntnis
zu dem, was uns stark macht,
ein leiser Widerstand gegen das Zerbrechen.
Das Aufstehen wird weniger schmerzhaft
als der Moment, in dem wir liegen bleiben wollten.*

**#22UhrNonMention
03.11.2015 / 22:04 Uhr**

„Im Grunde meines Herzens trage ich immer noch Deine Versprechungen in mir."
Wie geheime Samen, die in der Tiefe wurzeln,
sind Deine Worte noch da,
unaufhörlich, leise in der Dunkelheit des Herzens.
Selbst die Zeit kann sie nicht entweichen lassen,
denn sie sind mehr als nur Versprechungen –
sie sind Erinnerungen,
die in den stillen Ecken meiner Seele weiterblühen.

#22UhrNonMention
03.11.2015 / 22:04 Uhr

„Wer das Vermissen kennt, hat die Sehnsucht verinnerlicht.“
*Es ist mehr als ein flüchtiges Gefühl,
mehr als ein Moment der Leere –
es ist das Einziehen der Sehnsucht in die tiefsten Winkel
der Seele.
Wer vermisst, trägt den Hunger nach etwas in sich,
eine Lücke, die nur das Wissen um den Verlust füllt.
Und so wird die Sehnsucht Teil von uns,
eine ständige Erinnerung an das, was war und nie ganz
vergehen wird.*

#22UhrNonMention
05.11.2015 / 22:15 Uhr

**„Ich würde gerne die Fenster und Türen schließen,
um die Stimmen nicht mehr zu hören,
die alles besser wissen."**
*Die Welt spricht mit einer Zunge,
die die Wahrheit immer in ihrem eigenen Klang verbiegt.
Und so schließe ich die Fenster,
ziehe die Türen zu –
nicht aus Angst, sondern aus der Sehnsucht nach Stille,
nach dem Raum, der nur mir gehört,
wo die Stimmen des Außen nicht mehr die Luft
beherrschen.*

**#22UhrNonMention
11.11.2015 / 22:06 Uhr**

**„Alle reden von gebrochenen Herzen,
und was ist mit den gebrochenen Seelen?"**
*Herzen, die in tausend Stücke zerbrechen,
werden noch oft repariert –
doch wer heilt die Seelen, die in ihrer Tiefe erschüttert
sind?
Die Verletzungen, die nicht gesehen werden,
die Narben, die unsichtbar bleiben,
werden oft übersehen, als ob sie nie existiert hätten.
Und doch tragen wir sie,
still, unbeachtet,
in jedem Atemzug.*

**#22UhrNonMention
11.11.2015 / 22:12 Uhr**

**„Gebrochene Herzen hören Songs,
jedoch nicht die Stimme der Vernunft."**
*In den Klängen finden sie Trost,
doch der Verstand bleibt stumm.
Die Melodien tanzen auf den Ruinen ihrer Wunden,
während der leise Ruf der Vernunft verwehrt bleibt.
So bleibt das Herz in seiner Zerrissenheit gefangen,
hörend, aber nicht fühlend,
die Ketten der Gefühle stärker als die Freiheit des klaren
Denkens.*

**#22UhrNonMention
15.12.2015 / 22:04 Uhr**

**„Ich bin diesen Kampf tausendmal in meinem Kopf
durchgegangen.
Noch hat niemand verloren."**
*In der Stille meines Geistes wiederhole ich die Schlacht,
drehend und wendend,
immer und immer wieder –
doch der Ausgang bleibt ungewiss,
wie eine ungeschriebene Geschichte,
deren Ende noch nicht festgelegt ist.
Jeder Gedanke, jeder Zweifel,
steht noch auf der Waage,
und in diesem Moment des Zögerns
konnte noch niemand das Feld räumen.*

**#22UhrNonMention
06.01.2016 / 22:11 Uhr**

**„Wer will schon Farben explodieren sehen,
wenn das schwarz/weiße die Reinheit und
Verdorbenheit am besten wiedergeben kann?"**
*In der Klarheit des Schwarz-Weiß liegt eine ungeschönte
Wahrheit,
die uns zwingt, die Gegensätze zu sehen.
Die Farben, so lebendig und verführerisch,
könnten uns die Härte der Welt vergessen lassen,
uns von der schroffen Klarheit ablenken,
die in der Reinheit und Verdorbenheit der Abgründe wohnt.
Wer würde in einem Meer von Farben den Schmerz der
Wahrheit ertragen wollen,
wenn die Schattierungen des Grau schon alles sagen?*

**#22UhrNonMention
21.01.2016 / 22:06 Uhr**

**„Du solltest nicht laut sprechen,
wenn das leise mehr aufwühlt."**
*In der sanften Stille liegt die wahre Kraft,
die leisen Worte entfalten in ihren Tiefen
eine Welle, die die Seele berührt.
Der Lärm, so laut und aufdringlich,
verblasst im Angesicht des ungesagten,
das in der Stille weht,
in der die Gedanken lautlos schreien
und doch mehr bewegen als jedes Wort.*

**#22UhrNonMention
06.10.2015 / 22:09 Uhr**

„**Ich mag es,**
wie Du Dich anfühlst,
in meinen Gedanken."
In den Windungen meiner Gedanken tanzt Dein Bild,
unsichtbar, doch so präsent.
Du bist keine Erinnerung,
sondern ein Gefühl,
das mich in jeder stillen Sekunde begleitet.
Deine Präsenz in mir,
leise und doch so lebendig,
formt einen Raum,
in dem Du nie ganz fort bist.

#22UhrNonMention
17.12.2015 / 22:16 Uhr

**„Eine Umarmung mehr
macht Dich nicht weniger fern."**
*Die Arme geschlossen, doch der Abstand bleibt.
In der Umarmung suche ich das, was uns trennt,
und doch erkenne ich,
dass Nähe in der Seele wohnt,
nicht in der Berührung.
Die Leere zwischen uns,
bleibt auch im engsten Moment,
unüberbrückbar,
trotz all der Versuche, Dich festzuhalten.*

**#22UhrNonMention
21.01.2016 / 22:01 Uhr**

„& wenn ich in meinem Kopf Liebesbriefe schreibe, heißt es nicht, dass ich über Gefühle nicht sprechen kann."

In den stillen Räumen meines Geistes,
fließen Worte, die nie den Weg in die Welt finden.
Liebesbriefe, in Gedanken gefangen,
die mehr erzählen,
als Worte je vermögen.
Es ist nicht das Schweigen,
sondern die Art, wie ich fühle,
die nie laut,
sondern tief und still in mir lebt.

#22UhrNonMention
16.02.2016 / 22:17 Uhr

„Wenn Du liebst, brauchst Du auch die Sehnsucht."
Denn in der Ferne wächst die Nähe,
und in der Leere blüht die Liebe.
Ohne Sehnsucht verliert das Herz seine Richtung,
verblasst die Leidenschaft,
während die Erinnerung an das, was noch nicht erreicht
ist,
uns immer weiter trägt.
Die Liebe lebt nicht nur im Erfüllen,
sondern auch im Warten.

#22UhrNonMention
12.03.2016 / 22:07 Uhr

**„Vielleicht mag ich den Moment zwischen Müdigkeit
und dem Einschlafen,
weil er der intimste ist, wenn ich an dich denke."**
*Im Dämmerzustand der Nacht,
wenn die Welt still wird und der Körper sich verliert,
sind es deine Gedanken, die mich umarmen.
Kein Wort, kein Blick,
nur der flüsternde Hauch der Erinnerung,
der mich sanft in den Schlaf begleitet.
Es ist der Moment, in dem Nähe keine Worte braucht,
sondern nur den Klang deines Namens im Herzen.*

**#22UhrNonMention
19.03.2016 / 22:11 Uhr**

„Wir gehen nicht fremd, nur weil wir den Moment der Berührung genießen könnten."

Manchmal ist es der flüchtige Augenblick,
der uns in den Bann zieht,
wenn sich die Seele mit der Nähe eines anderen verwebt.
Es ist keine Tat der Entfremdung,
sondern ein stummer Tanz im Raum zwischen uns,
der von der Sehnsucht lebt,
doch nie in der Hand verwirklicht wird.
Es ist ein Traum,
den wir im Wachzustand leben,
ohne die Schwere der Schuld.

#22UhrNonMention
19.03.2016 / 22:13 Uhr

**„Erwähnte ich Dir gegenüber, dass ich nach Honig
schmecke und doch bin wie Wein?"**
*In den sanften Kurven meiner Worte,
findest Du den süßen Hauch der Nähe,
der Dich einlädt, mich zu kosten.
Doch in der Tiefe meines Wesens,
verstehst Du, dass ich mehr bin,
als der flüchtige Geschmack, den Du zunächst erahnst.
Ich bin der Wein,
der mit der Zeit an Reife gewinnt,
der nicht sofort zu verstehen ist,
aber der in jedem Tropfen mehr erzählt,
als der erste Blick es je vermuten lässt.*

**#22UhrNonMention
21.03.2016 / 22:09 Uhr**

„Willst Du nicht schöner und realer sein, als alle Gedanken, die ich für Dich in meinem Kopf bewahre?"

In den stillen Hallen meines Geistes,
wo Deine Präsenz immer wieder neu geboren wird,
bin ich eingehüllt in die Sehnsucht nach etwas,
das tiefer und wahrer ist,
als jede Vorstellung, die ich mir je erträumt habe.
Warum bleibt das, was in meinen Gedanken lebt,
so weit entfernt von der Realität,
die ich in Dir zu finden hoffe?
Willst Du nicht die Brücke schlagen
zwischen der Welt, die in meinem Kopf existiert,
und der, die Du mit Deiner echten, ungeschönten Präsenz
erfüllst?

#22UhrNonMention
21.03.2016 / 22:15 Uhr

„Und wie oft hast du deine Gedanken heute für mich angehalten?"
*Hast du inmitten des Tages
einen Moment gefunden,
in dem die Zeit für dich stillstand,
nur um an mich zu denken?
Hast du deine Gedanken
für einen Augenblick aus der Flut der Welt
herausgenommen
und sie auf mich gerichtet,
um zu fühlen, dass ich da bin –
auch ohne meine Stimme,
auch ohne meine Nähe?
Wie oft hast du heute innegehalten
und mich in deinen Gedanken bei dir getragen?*

**#22UhrNonMention
24.03.2016 / 22:05 Uhr**

„Deine Stimme sollte mich umhüllen, wie eine wärmende Decke in kalten Zeiten."
Deine Stimme – wie eine wärmende Decke in kalten Zeiten,
sanft und doch fest,
sollte mich umhüllen,
wie eine Decke, die den Frost vertreibt
und die Schwere des Moments lindert.
In den kalten Zeiten,
in denen ich mich verloren fühle,
sollte Dein Klang
mich wie ein Schutzmantel wärmen,
der die eisige Welt draußen
für einen Moment vergessen lässt.
Denn in Deiner Nähe,
in Deinen Worten,
fände ich die Ruhe, die ich so lange suche.

#22UhrNonMention
08.04.2016 / 22:01 Uhr

„Und wie viel Platz habe ich in Deiner Realität?"
Wie groß ist der Raum,
den ich in Deiner Welt einnehme?
Ist er weit und offen,
voller Wärme und Licht,
oder nur ein winziger Fleck,
auf den Deine Gedanken manchmal fallen?
In welchem Winkel Deiner Realität
verblasst mein Name,
während andere Stimmen lauter werden?
Und wie viel Raum bleibt für mich,
wenn alles andere die Stille füllt?

#22UhrNonMention
08.04.2016 / 22:04 Uhr

**„Die Ewigkeit und Liebesgedichte sind entbehrlich …
aber nicht das Gefühl in mir, wenn ich Dich sehe."**
*Die Unendlichkeit der Worte verblasst,
und selbst die schönsten Verse verlieren ihren Glanz.
Doch in dem Moment, wenn sich unsere Blicke treffen,
verblasst alles andere.
Denn was für mich zählt,
ist nicht das Gedicht oder die Zeit,
sondern das ungreifbare,
das im Inneren brodelt,
wenn ich Dich sehe.
Es ist mehr als nur ein Gefühl –
es ist das Leben selbst,
das in mir pulsiert.*

**#22UhrNonMention
09.04.2016 / 22:35 Uhr**

**„Wenn ich dich nicht haben kann,
muss ich mein Herz schützen.“**
*Die Kälte deiner Abwesenheit schneidet tief,
und ich spüre die Leere in den stillen Ecken meines Seins.
Doch das, was ich für dich empfinde,
darf nicht die Kraft finden, mich zu zerreißen.
Denn was bleibt, wenn der Abstand zu groß wird,
ist der Schutz,
der sich aus dem einzigen Instinkt nährt –
dem Überleben meines Herzens.
Doch warum fühlt sich dieser Schutz an
wie ein Gefängnis,
das nur du mit deinen Händen aufbrechen könntest?*

**#22UhrNonMention
09.04.2016 / 22:35 Uhr**

„Ich habe die Gedanken beisammen,
aber nicht das Durcheinander meines Herzens.“
Die Gedanken sind wie still stehende Wellen,
klar, geordnet, fast beruhigend in ihrer Präsenz.
Doch tief in mir, da tobt das Chaos,
verstrickt in widersprüchlichen Gefühlen.
Ein Herz, das sich nach einem klaren Ziel sehnt,
doch immer wieder in den Strömungen der Sehnsucht
und der Ängste untergeht.
Ich versuche, Ordnung zu schaffen,
aber das Durcheinander ist ein Teil von mir,
und vielleicht bin ich auch nur ein Puzzle,
dessen Teile nie vollständig zusammenpassen.

#22UhrNonMention
16.04.2016 / 22:03 Uhr

**„Eine Zukunft ist nur halb erfüllt,
wenn die Vergangenheit nicht ihren Beitrag dazu
leistet."**
*Die Zukunft ist ein zartes Versprechen,
doch ohne die Narben und Lektionen der Vergangenheit
verblasst sie, wie ein ungeschriebenes Buch.
Was wir sind, wurde von dem geformt, was war,
jede Erinnerung ein Pinselstrich,
jeder Verlust ein Schatten, der uns begleitet.
Die Vergangenheit mag uns manchmal schmerzen,
doch sie ist der stille Architekt unserer Träume,
die uns in die Zukunft tragen.
Ohne sie wären wir nur halbe Menschen,
halb verstanden, halb lebendig.*

**#fürDich
#22UhrNonMention
26.04.2016 / 23:04 Uhr**

„Auch in Gedanken ist Nähe möglich,
ich habe es schon in meinem Innersten erlebt."
Die Sehnsucht ist grenzenlos,
verblasst nicht, selbst wenn der Raum zwischen uns weit
ist.
Gedanken sind wie unsichtbare Fäden,
die uns verbinden, auch wenn die Welt schweigt.
Manchmal reicht der Moment der Erinnerung,
um Nähe zu spüren, die mehr spricht als Worte.
Es ist nicht nur der Körper,
sondern die Gedanken, die uns berühren.

#22UhrNonMention
03.05.2016 / 22:01 Uhr

„Dein Bestreben, mein Verlangen.
Deine Hoffnung, mein innigster Traum."
Es sind die verborgenen Wünsche, die sich in unseren
Blicken spiegeln,
die unausgesprochenen Versprechen, die in der Luft
hängen.
Jeder Moment, der uns trennt, verstärkt nur das Sehnen,
das uns in den Tiefen der Nacht zusammenführt.
Vielleicht sind es nicht immer die Worte,
die die größte Nähe erschaffen, sondern der stille Klang
unserer unausgesprochenen Sehnsüchte.

#22UhrNonMention
04.05.2016 / 22:07 Uhr

**„Es ist das Herz, das sich der Vernunft entzieht,
weil zwischen uns keine Realität existiert, nur wir."**
*Es ist der Widerstand gegen das, was uns trennt,
das Fliehen vor den klaren Linien der Vernunft.
In der unendlichen Weite unserer Wünsche
gibt es keinen Raum für das, was als „wirklich" gilt.
Die Realität bleibt draußen,
während wir in einem Raum der Möglichkeit verweilen,
in dem das Herz mehr zählt als der Verstand.*

**#22UhrNonMention
04.05.2016 / 22:09 Uhr**

**„Und was, wenn Du der Mensch bist, auf den ich mein
Leben lang gewartet habe?
Der, dessen Umarmung alle Fragen beantwortet,
dessen Blick alles in mir entzündet und heilt?"**
*Was, wenn Du der Moment bist, in dem all die Sehnsüchte
verschmelzen,
der Augenblick, in dem alles zusammenkommt und wir
uns finden,
während die Zeit stillsteht und der Augenblick unendlich
wird?
Wenn Du der Mensch bist, den ich immer gesucht habe,
dann würde jeder Schritt auf diesem Weg
endlich einen Sinn bekommen.*

**#22UhrNonMention
06.05.2016 / 22:00 Uhr**

46

„Im Herzen wird die Stille mit jedem Mal lauter, wenn du
von anderen sprichst.
Jedes Wort, das du über sie verlierst,
vergrößert die Leere zwischen uns
und lässt die Nähe verblassen, die ich in deinem Blick
gesucht habe.
Die Stille im Innern hallt nach,
lässt die Gedanken kreisen,
während die Worte, die du sprichst, nur ein Echo bleiben
in einem Raum, in dem ich mich zunehmend verliere."

#22UhrNonMention
08.05.2016 / 22:04 Uhr

„Ich erwarte nicht, was sich nicht finden lässt.
Doch tief in mir wünsche ich mir,
dass das, was ungesagt bleibt, irgendwann
in ein ‚Wir‘ verwandelt wird.
Es ist kein Drängen, kein Festhalten,
nur der stille Wunsch,
dass das Leben uns auf Wegen zusammenführt,
die wir nicht vorhergesehen haben.“

#22UhrNonMention
12.05.2016 / 22:29 Uhr

„Niemand gibt das Herz leichtfertig in Hände,
die nicht mit ihm umgehen können.
Es ist nicht die Angst vor Enttäuschung,
sondern die Erkenntnis, dass das Herz
zu kostbar ist, um es zu verlieren
an jemanden, der es nicht versteht."

#22UhrNonMention
13.05.2016 / 22:06 Uhr

„Ich erwarte keine Versprechungen,
keine leeren Worte, die sich im Wind verlieren.
Was ich suche, sind die stillen Momente,
in denen ich mich geborgen fühlte,
die mich in ihrer Wärme umfingen,
ohne dass ich danach fragen musste."

#22UhrNonMention
13.05.2016 / 22:38 Uhr

„Deine Stimme ist mein Zufluchtsort,
mein Anker in einer Welt, die oft zu laut ist.
In ihr finde ich Ruhe, in ihr finde ich mich."

#22UhrNonMention
15.05.2016 / 23:28 Uhr

„Ich schließe das Zimmer in mir ab,
in dem Deine Erinnerung wohnt.
Denn so sehr sie mich auch begleitet,
es wird Zeit, loszulassen."

#22UhrNonMention
17.05.2016 / 22:30 Uhr

„Mach keine Erinnerung aus mir,
denn das würde bedeuten,
dass ich nie wirklich hier war."

#22UhrNonMention
20.05.2016 / 22:04 Uhr

„Niemand möchte als Teil gelebter Momente ausgelöscht werden,
als wäre er nie wirklich gewesen.“

#22UhrNonMention
24.05.2016 / 22:06 Uhr

#GedankenAnstalt
140 Zeichen mehr oder weniger…

„Vielleicht habe ich nie wirklich auf die Stimme meines
Herzens gehört.
Warum habe ich ihr nie Glauben geschenkt?"

#22UhrNonMention
28.05.2016 / 22:01 Uhr

„Jeder wartet auf diese eine bestimmte Eroberung, die nicht körperlich ist."

Es gibt eine Sehnsucht, die nicht nach Berührung verlangt, sondern nach einer Verbindung, die tiefer geht als das, was man in den Händen halten kann. Diese Eroberung ist ein Gedanke, ein Moment, ein Gefühl, das in den Tiefen der Seele einen Platz findet und sich dort festsetzt. Es ist die Entdeckung einer Wahrheit in einem anderen Menschen, das Erkennen von etwas, das über das Visuelle hinausgeht, das Übersteigen der physischen Grenze. Es ist das Erleben einer Nähe, die nicht in Umarmungen oder Küssen gemessen wird, sondern in der Art und Weise, wie Worte den Raum füllen und wie Gedanken sich in der Stille begegnen. Diese Eroberung ist ein tiefer Blick, der das Unausgesprochene erfassen kann und dabei die Berührung des Herzens hinterlässt.

**#22UhrNonMention
28.05.2016/ 22:03 Uhr**

„Sehnsucht definiere ich durch Deine Stimme."
Sehnsucht ist mehr als nur das Fehlen von Nähe; sie ist ein Ruf, der in der Stille lebt und in jedem Atemzug nach der Essenz dessen sucht, was uns verbindet. Deine Stimme – sie ist der Schlüssel zu all dem, was unerreichbar scheint und doch so nahe ist. Wenn Du sprichst, tanzen die Worte wie ein unsichtbarer Faden, der mein Innerstes berührt und mich in eine Welt entführt, die nur wir beide kennen. Sie ist das Versprechen von Nähe, auch wenn Kilometer zwischen uns liegen. Ihre Melodie ist der Klang der Erinnerung und der Hoffnung zugleich – sie lässt mich nicht los und weckt eine tiefere, ungestillte Sehnsucht, die in den Räumen meiner Gedanken verweilt. In der Resonanz Deiner Stimme finde ich das Verlangen nach mehr, das niemals ganz gestillt werden kann. Sie wird zu dem Maßstab, an dem sich alles misst, was in mir ungesagt bleibt.

#22UhrNonMention
08.06.2016/ 22:14 Uhr

„Zufällig begegnete ich in mir erneut mir selbst …
Und das nur, weil ich Dir begegnet bin.
Vielleicht sind wir alle nur Spiegelbilder unserer
Begegnungen,
in denen wir uns selbst, in den fremden Augen, finden."

#22UhrNonMention
08.06.2016/ 22:03 Uhr

„Im Grunde habe ich in meinem Kopf schon alles mit Dir
erlebt –
jede Berührung, jedes Wort, all die ungesagten, die
niemals ausgesprochen wurden.
Vielleicht sind es gerade diese Gedanken, die uns mehr
verbinden als jede Realität."

#22UhrNonMention
09.06.2016/ 22:30 Uhr

„Wenn Du es möchtest, benennen wir es Liebe,
obwohl Worte nur flüchtige Versuche sind, das
Unaussprechliche zu fassen.
Vielleicht ist es mehr als nur ein Name – es ist die
Unberührbarkeit, die uns im Inneren verbindet."

#22UhrNonMention
11.06.2016/ 22:31 Uhr

„Niemand braucht ein sicheres Haus, wenn er im Zelt mit all den Bedingungen Glück empfindet.
Vielleicht liegt wahres Zuhause nicht in den Wänden, sondern in der Freiheit, in der wir leben, und in der Fähigkeit, das zu schätzen, was uns in den einfachsten Momenten erfüllt."

#22UhrNonMention
12.06.2016/ 22:22 Uhr

„Und wenn mich eines Tages jemand nach Dir fragen
sollte, werde ich schweigend in die Ferne blicken.
Denn die Antwort liegt nicht in Worten, sondern in dem,
was zwischen uns war, im unausgesprochenen
Verständnis und der Stille, die so viel mehr erzählt als
jedes noch so lange Gespräch."

#22UhrNonMention
14.06.2016/ 22:09 Uhr

„Versteck Dein Herz, mein Herz,
darin überall unsere Worte,
die nie ausgesprochen, doch so klar waren
wie der Klang eines unsichtbaren Liedes,
das uns begleitet – selbst in der Stille."

#22UhrNonMention
19.06.2016/ 22:04 Uhr

„Wenn ich Deine Stimme höre,
ist es, als ob meine Hände die Dunkelheit berühren
könnten,
um ein Stück Licht zu finden,
das nur in Deinen Worten existiert,
unsichtbar, aber unendlich nah."

#22UhrNonMention
15.06.2016/ 22:03 Uhr

„… wenn Du willst, sei das Recht auf die Gefühle,
die ich nicht schmecken konnte,
wie der Regen, der nie den Boden berührt hat,
aber in meinen Gedanken ewig tropft."

**#22UhrNonMention
18.06.2016/ 22:12 Uhr**

„Jedes Mal verliert uns die Liebe,
ein kleines Stück,
bis wir uns nur noch in den Schatten suchen
und die Sonne nicht mehr finden können."

#22UhrNonMention
15.06.2016/ 22:00 Uhr

„Wenn es einen Moment des Schweigens gibt,
dann ist es jener,
in dem ich Deine Arme um mich spüre.
Die Worte verlieren sich im Wind,
und nur das Gefühl bleibt."

#22UhrNonMention
24.06.2016/ 23:14 Uhr

„Ich habe meine Nächte zum Tag gemacht,
damit meine Gedanken Dich feiner ausmalen können,
im Licht, das nur meine Sehnsucht kennt,
ein Bild, das jenseits der Zeit existiert."

#22UhrNonMention
23.06.2016/ 22:28 Uhr

„Ich schreibe wegen der Schönheit der Worte
und suche in ihnen nur Dich.
Wie der Wind die Blätter trägt,
so treibt mich das Wort zu Dir."

#22UhrNonMention
05.03.2017/ 22:14 Uhr

„Ich ha(ä)tte mich in Dich (Dir)
Ver(ewigt)liebt,
bis der Augenblick den Namen trägt,
den ich Dir immer geben wollte."

#22UhrNonMention
10.07.2016/ 22:08 Uhr

„Versprich mir, anders zu sein, als alle anderen vor Dir,
so wie eine Flamme, die ihren eigenen Tanz findet
und im Dunkel brennt, ohne je zu erlöschen."

#22UhrNonMention
21.10.2016/ 22:05 Uhr

„Mir fehlen manchmal die Worte", sage ich.
„Nein, Dir fehlt die Ehrlichkeit", sagt mein Verstand.

#22UhrNonMention
08.01.2017/ 14:23 Uhr

„Es ist keine Sünde, sich zu begehren. Es ist nur die Erinnerung an ein Verlangen, das uns daran erinnert, wie wir uns selbst verlieren können, wenn wir nicht wissen, was wir wirklich suchen."

#22UhrNonMention
17.11.2016/ 22:06 Uhr

„Vergiss nicht, dass dieses Herz verrückt nach Dir ist. Vielleicht solltest Du es zu schätzen wissen, bevor es sich selbst verliert und in den Schatten seiner eigenen Sehnsucht verschwindet."

#22UhrNonMention
18.08.2016/ 22:12 Uhr

„Laut genug warst Du, still genug war es, um uns in diesem Moment zu verlieren – in der Stille, die mehr sagt als jedes Wort."

#22UhrNonMention
03.03.2017 / 22:09 Uhr

„Geheim ist der Mund, mit dem ich morgen rede. Heute Nacht jedoch gehört das Schweigen und das Stöhnen nur Dir – in einem Raum, in dem Worte nicht mehr zählen."

#22UhrNonMention
05.03.2017 / 22:05 Uhr

„Einmal nur hatte der Mond das Nachsehen, als ich begann, nach Dir zu suchen. Und im Schein seiner letzten Lichter fand ich, was der Tag nie bringen konnte."

#22UhrNonMention
12.03.2017 / 22:04 Uhr

„Wie kann ich fesseln, was mich freimacht?
Dich an mich. Mich an Dich.
Ein unendliches Spiel von Nähe und Distanz, wo jedes
Loslassen zugleich ein Halten ist."

#22UhrNonMention
06.09.2016 / 22:37 Uhr

„Nie wieder!", sagt der Verstand, der sich an die Narben
erinnert.
„Jederzeit!", sagt die Sehnsucht, die sich nach der
Unendlichkeit sehnt, die nur Du mir geben kannst.

13.01.2011 / 23:47 Uhr

Ein Dialog wie aus 1001 Nacht, wo jeder Blick mehr spricht
als Worte es je könnten,
Und mein Verstand, der sich in Deine Hände legt, ist das
Kostbarste, das ich nach meiner Seele geben kann.

26.01.2015 / 22:19 Uhr

„Setz Dich ...", haucht die Sehnsucht, kaum hörbar im leisen Atem der Erinnerung.
„Warum?", fragt der Verstand, gefasst und distanziert wie immer.
„Weil ich nicht enden will – solange Du noch fühlst, dass etwas fehlt."

09.12.2016 / 07:06 Uhr

„Du verkörperst all das Gute in meinem Leben", flüsterte
der Verstand – nüchtern, doch voller Hoffnung.
„Doch ich," antwortete die Sehnsucht, „bin das Echo all
dessen, was nie erfüllt wurde. Und so vermag es kein gut
gemeintes Wort zu heilen."

#22UhrNonMention
18.12.2016 / 17:52 Uhr

Ein Tisch. Zwei Stühle. Kein Fenster – nur Schatten.
„Setz Dich", haucht das Herz.
„Worüber reden wir?", fragt der Verstand.
Stille.
„Darüber, wer von uns beiden das Licht löschen darf."

#22UhrNonMention
18.12.2016 / 23:51 Uhr

Zwischendurch…
verletze ich die Liebe mit Absicht.
Nicht, weil ich sie nicht spüre –
sondern weil ich sicher sein will,
dass sie noch antwortet, wenn es brennt.

#22UhrNonMention
18.08.2016 / 22:07 Uhr

Ich erhebe mein Glas –
auf all die alten Liebesgedichte,
die mir Zucker gaben, wo Salz hätte heilen können.
Sie lehrten mich, zu warten, zu verlieren, zu verzehren –
doch nicht, zu bleiben, wenn es schwer wird.

#22UhrNonMention
10.09.2016 / 22:11 Uhr

Irgendwann schlafe ich neben Dir.
Nicht, weil Du mir etwas gibst.
Sondern, weil Du da bist.
Und meine Seele endlich nicht mehr friert.

#22UhrNonMention
12.09.2016 / 22:20 Uhr

„Und was, wenn ich nicht nur in der Dunkelheit über Dich
wachen will,
sondern auch das Zittern Deiner Hände spüren,
das Lächeln Deines Schweigens verstehen,
und mich entscheide – für all Deine Tage,
selbst dann, wenn das Leben uns nicht fragt?“

#22UhrNonMention
16.09.2016 / 22:05 Uhr

„Du musst die Fenster schließen,
um die Stille zu halten …“,
sagt die Seele.
„Auch wenn sie mich mit ihrer Tiefe verschlingt?“,
fragt der Verstand.
„Gerade dann.“

09.03.2017 / 21:16 Uhr

„Es ist dieser Mensch mit den trostlosen Augen,
für den ich alles tun würde.
Und vielleicht gerade wegen dieser Augen, die so viel mehr
erzählen, als Worte es je könnten.
Vielleicht genau deswegen."

22.10.2016 / 22:03 Uhr

„Wie gebrochen die Blicke,
wie traurig die Worte,
wie enttäuscht das Herz.
Vielleicht ist es nicht der Schmerz, der uns prägt,
sondern das Fehlen des Verstehens."

15.10.2016 / 22:16 Uhr

„Niemals würde ich es bereuen, dir meine Sehnsucht
anvertraut zu haben.
Denn selbst im Moment der Stille,
habe ich etwas gefunden, was mehr ist als Worte."

23.12.2014 / 22:03 Uhr

„Herzenssatt liege ich bei Dir,
im Einklang mit allem, was wir nie aussprechen mussten.
In diesem Moment, der mehr ist als Zeit,
finde ich mein Zuhause in Deiner Nähe."

08.10.2016 / 22:07 Uhr

„Wie kann ich fesseln, was mich freimacht?
Ist Freiheit nicht das, was uns fliegen lässt,
während wir in den Ketten der Leidenschaft tanzen?
Vielleicht ist es nicht das Festhalten, sondern das
Loslassen,
was wahre Freiheit schenkt."

08.10.2016 / 22:04 Uhr

„Du füllst mir den Kopf, wie das nur jemand kann, der abwesend ist. Deine Abwesenheit ist die einzige Präsenz, die ich je gespürt habe."

#22UhrNonMention
28.09.2016/ 22:13 Uhr

„Ich habe mich in Dir verloren... und fand in diesem Verlust
mich selbst.“

#22UhrNonMention
13.09.2016/ 22:04 Uhr

„Heute ist es nicht meine Absicht, mit Dir zu reden…
Heute will ich Dich spüren, ohne Worte, nur im
Schweigen."

#22UhrNonMention
19.08.2016/ 22:04 Uhr

„Wenn es jemanden gibt, dessen Gedanken mich so tief berühren, dass sie fast körperlich spürbar werden, dann sollte diese Erinnerung für immer in mir bleiben."

#22UhrNonMention
24.07.2016/ 20:31 Uhr

Nähe kann man nicht erkämpfen,
erschleichen, erzwingen.
Nähe ist hoffen, verstehen, den Mut aufbringen, Gedanken
auszusprechen.

#22UhrNonMention
06.08.2016/ 23:26 Uhr

„Aber", sagt die Sehnsucht zu mir,
„die Wahrheit hat wenig zu tun mit der Wirklichkeit."
Und ich?
Ich schweige, müde,
weil die Wahrheit zu schmerzhaft ist für Worte,
während die Wirklichkeit mehr erträgt, als ich fassen kann.
Vielleicht ist es die Stille, die mir mehr erzählt als jeder
Laut.
Und der Mut, nicht nach der Wahrheit zu schreien,
sondern einfach zu wissen, dass sie in der Leere wohnt.

#22UhrNonMention
02.12.2016/ 20:20 Uhr

Nicht töten.
Befreie ihn!
Wen?
Den Gedanken an uns!

Der Gedanke, der sich festklammert,
uns immer wieder in die Schatten der Vergangenheit zieht,
als ob er uns noch festhält, obwohl wir längst entglitten
sind.

#22UhrNonMention
29.10.2016 / 22:17 Uhr

Es gibt nur das Jetzt.

Etwas anderes hat es nie gegeben.

Jeder Gedanke, jede Erinnerung,

war nur ein Schatten dessen, was war,

eine Projektion, die im Moment verblasst.

#22UhrNonMention
20.09.2016 / 22:02 Uhr

Ich verflechte Dein Leben mit meinem ...

In jedem Atemzug, in jeder Stille,
werden unsere Wege zu einem.
Kein Abstand, keine Trennung mehr,
nur die unsichtbare Linie, die uns bindet.

#22UhrNonMention
13.09.2016 / 22:02 Uhr

#GedankenAnstalt
140 Zeichen mehr oder weniger…

Sorglos kleiden wir uns in den Tag.
Verdecken alle Wunden und gehen Schritt um Schritt.

Der Tag wird unser Mantel,
die Risse, die wir tragen, verborgen hinter Lächeln.
Jeder Schritt eine Flucht vor dem, was wir tragen,
und dennoch geht es weiter, unerbittlich, vorwärts.

#22UhrNonMention
01.10.2016 / 22:06 Uhr

„**Heute fehlt mir Deine Stimme,**
wie immer, wenn ich Sehnsucht habe."
Die Leere füllt sich mit dem Klang, den ich nicht höre.
Ein stiller Ruf, der in der Stille verhallt,
während die Sehnsucht in jeder Ecke wächst,
immer größer, immer näher, aber nie ganz greifbar.

#22UhrNonMention
27.08.2016 / 22:15 Uhr

**„Mein Herz ist gebrochen,
es war nie meine Schuld."**
*Die Risse in mir erzählen von einer Last,
die ich nie trug, doch die mich immer fand.
In jedem Bruch steckt ein Echo,
von etwas, das ich nicht verhindern konnte,
und dennoch trägt es meinen Namen.*

**#22UhrNonMention
29.09.2016 / 22:18 Uhr**

„Lass uns etwas für die Nachwelt bewahren ...“
„Was genau?“
„Unsere Gedanken.“

Denn sie sind die Spuren, die wir hinterlassen,
unsichtbar, doch unvergänglich.
Jede Idee ein Flügelschlag,
der vielleicht nie gesehen wird,
aber die Zeit überdauert.

12.11.2016 / 22:43 Uhr

**„Vielleicht solltest Du erst meine Gedanken liebkosen,
bevor Du Dich an meinen Körper herantastest."**
*Die Seele, zart und unberührt,
ist der wahre Raum, in dem Nähe entsteht.
Die Berührung des Geistes,
sanft, wie ein Hauch,
zeigt mehr als jede Berührung der Haut jemals könnte.*

07.07.2016 / 21:14 Uhr

„Ich habe meine Nächte zum Tag gemacht,
damit meine Gedanken Dich feiner ausmalen können."
Im Dämmerlicht der Stunden,
verliert die Dunkelheit ihren Griff,
während die Gedanken in Farben fließen,
die nur im wachen Traum existieren.
So wird die Nacht zur Leinwand,
auf der Dein Bild noch klarer wird.

#22UhrNonMention
23.06.2016 / 22:28 Uhr

„Ich wollte nie so versinken", seufzte das Herz leise vor sich hin.
„Tiefe ist nichts Negatives", erwidere ich flüsternd.
Manchmal braucht es den Abgrund,
um die wahre Weite zu begreifen.
Nicht das Versinken, sondern das Erkennen
der Tiefe, die uns formt und verändert,
die uns das Wahre und Unausgesprochene offenbart.

30.03.017 / 21:55 Uhr

„Bitterlich ist das Versäumen", sagt das Herz.
„Bitterlich ist die Mutlosigkeit", entgegne ich.
Die Zeit verrinnt, und mit ihr die Chancen,
während das Herz sich in seinen eigenen Wunden
verstrickt.
Doch ebenso schmerzt der Mangel an Hoffnung,
der uns lähmt, bevor wir die Kraft finden, weiterzugehen.

23.03.2017 / 20:44 Uhr

„Ich habe die Gedanken beisammen, aber nicht das Durcheinander meines Herzens."
Der Verstand, geordnet wie ein stilles Regal,
während das Herz in wirbelnden Stürmen treibt.
Es gibt keine Karte für diese Wildnis,
nur die ständigen Wellen, die uns hin und her werfen,
ohne jemals wirklich zur Ruhe zu kommen.

#22UhrNonMention
16.04.2016 / 22:03 Uhr

„Wenn ich mich fallen lasse, dann möchte ich nicht
zerbrechen."
Die Angst, dass der Boden nicht hält,
dass der freie Fall in Stücke zerreißt.
Doch in dieser Zerbrechlichkeit
liegt auch die Hoffnung auf ein sanftes Land,
auf **einen** Aufprall, der uns nicht zerstört,
sondern uns neu formt.

17.11.2016 / 17:16 Uhr

Was ist Liebe im Wesentlichen?
Um ihretwillen zu sterben?
Mit ihr zu leben?

Vielleicht ist es weder das eine noch das andere,
sondern das Innehalten zwischen den Atemzügen,
der Moment, in dem zwei Seelen sich finden,
ohne Worte, ohne Forderungen,
ein Raum, in dem alles gleichzeitig ist –
Stille, Erfüllung, Schmerz und Freude.

#22UhrNonMention
03.06.2016 / 22:09 Uhr

**„… in jeder Lüge bist Du mein,
in echt aber gehörst Du anderen."**

*Die Wahrheit schneidet, während die Lüge
uns in einem trügerischen Besitz hält.
Doch selbst in den schönsten Illusionen
bleibt das Wissen, dass Du niemals ganz mein bist,
dass Deine Seele immer woanders verweilt.*

**#22UhrNonMention
10.08.2016 / 22:23 Uhr**

**Immer wenn ich daran denke, Dich wiederzusehen …
Verwirrt mich mein Herzklopfen.**

*Es ist ein Dröhnen, ein Aufbegehren,
das mich erfasst, bevor ich verstehen kann,
warum sich alles in mir zu einem Wirbel formt.
In dieser Vorfreude, die gleichermaßen Erschöpfung ist,
verliere ich mich, um mich dann wiederzufinden,
im Rauschen meines eigenen Herzens.*

**#22UhrNonMention
19.08.2016 / 22:01 Uhr**

„…an meiner Schulter fehlt Dein Kopf,
in meinem Bett Dein Duft.“
Die Stille dehnt sich aus,
wo Deine Präsenz einst war.
Jeder leere Raum, den Du hinterlässt,
fühlt sich an wie ein unvollendetes Bild,
gezeichnet in der Erinnerung an das, was war,
und das, was nicht mehr ist.

#22UhrNonMention
08.08.2016 / 22:08 Uhr

„Bevor ich die Möglichkeit hatte, Dich im Ganzen zu lieben,
hast Du mich verlassen."
Es gibt eine Liebe, die in der Stille wächst,
die nie ausgesprochen wird, weil sie nie ganz reifen kann.
Ein Gefühl, das sich erst entfalten wollte,
doch die Zeit hat es nicht zugelassen.
Und so bleibt nur der Schatten der Frage:
Was wäre gewesen, wenn wir mehr gehabt hätten?

#22UhrNonMention
27.09.2016 / 22:01 Uhr

„Wie sehr Du mir fehlen würdest, … würdest Du Dich abwenden,
könnte ich niemals in Worten wiedergeben."
Es gibt Verluste, die den Raum der Worte sprengen,
ein Abgrund, der sich öffnet, wo die Sprache versagt.
Die Leere, die Du hinterlässt, wäre unbeschreiblich,
weil sie tiefer geht, als wir je begreifen können.
Kein Satz, keine Melodie könnte die Stille füllen,
die Dein Abwenden hinterlässt.

#22UhrNonMention
22.09.2016 / 22:08 Uhr

„Sag mir, dass Du es nicht getan hast.
Was?
Uns aufgegeben...“
Die Frage hängt schwer in der Luft,
so als könnten Worte den Schmerz heilen,
den wir nicht sehen, aber tief spüren.
Es ist die Stille, die wir fürchten,
das Ende, das sich langsam einschleicht,
während wir noch hoffen, dass es nur ein Missverständnis
ist.

#22UhrNonMention
19.09.2016 / 22:00 Uhr

„Augenhöhe.
**Beginnt in den Momenten des gegenseitigen
Auffangens ... ohne fallen zu müssen.“**
*Es ist das stille Einverständnis,
das Wissen, dass wir uns nicht in die Tiefe stürzen
müssen,
um uns zu finden.
In der Nähe liegt die wahre Stärke,
der sanfte Halt, der ohne Forderung bleibt,
der uns trägt, ohne dass wir den Boden unter den Füßen
verlieren.*

#ausgründen
24.03.2017 / 13:45 Uhr

„Immer nur ist es ein Versuch…"
„Was?"
„Die Hoffnung nicht aufkeimen zu lassen."

(Seele und Herz im Gespräch)
Die Hoffnung, ein zarter Same,
den wir mit Händen festhalten,
damit er nicht sprießt,
doch tief in uns, in den Schatten des Zweifels,
wächst sie trotzdem weiter.
Ein ständiges Ringen,
zwischen dem Verlangen nach Verzweiflung
und dem stummen Drang, sich an den Glauben zu
klammern.

23.03.2017 / 21:34 Uhr

„Und vielleicht habe ich mich in jemanden verliebt, der nicht existiert."
Eine Liebe, die in den Nebeln der Vorstellung lebt,
geformt aus Wünschen, die nie ganz greifbar waren.
Jemand, den ich in Gedanken erschuf,
doch der niemals wirklich hier war.
Vielleicht ist es nicht der Mensch, in den ich mich verliebte,
sondern die Idee von ihm, die mich hielt.

#22UhrNonMention
29.09.2016 / 22:12 Uhr

**„Verletze nicht,
sondern akzeptiere nur."**
*Es ist die sanfte Weisheit der Stille,
die nicht anklagt, sondern einfach nur lässt.
Zu akzeptieren bedeutet nicht, zu dulden,
sondern zu verstehen, dass alles, was kommt,
ein Teil des Ganzen ist.
Manchmal ist die größte Stärke im Nicht-Tun,
im Stillen Annehmen dessen, was ist.*

**#22UhrNonMention
12.10.2016 / 22:12 Uhr**

**„Ich hinterlasse Dir Ängste und auch neue Anfänge.
Ich gehe mit mir selbst, nur mit Dir in meinen
Gedanken…"**

*Zwischen den Welten der Vergangenheit und der Zukunft
bleibt ein unsichtbares Band,
das uns miteinander verbindet, obwohl wir getrennt sind.
Was ich lasse, bleibt nicht nur in Dir,
sondern auch in mir –
Ängste, die uns leiten, und Anfänge, die wir nie wagten,
zusammen zu gestalten.
Und so gehe ich, doch Du gehst mit mir,
im Flüstern meiner Gedanken.*

**#22UhrNonMention
04.08.2016 / 22:17 Uhr**

„Ich habe mich mit der Zeit daran gewöhnt.
An den Klang Deiner Stimme, die mich behütend
umarmt.“
Die Zeit hat aus der Erinnerung ein Zuhause gemacht,
ein vertrautes Nest, das mich hält,
auch wenn Du nicht mehr da bist.
Deine Stimme, wie ein leiser Wind,
der mich sanft umhüllt,
verblasst nie ganz, sondern bleibt
immer ein Teil von mir,
selbst wenn die Welt schweigt.

#22UhrNonMention
28.08.2016 / 22:12 Uhr

„Was aber entglitt?
Die Unvollkommenheit Deiner Gefühle."
Es war nicht das Fehlen der Worte,
sondern das Schweigen zwischen ihnen,
das alles verriet.
Die Unvollkommenheit, die sich in den Ecken verbarg,
in den Blicken, die nie ganz trafen,
in den Momenten, die nie ganz erfüllt waren.
Es war die Unvollkommenheit, die uns ausmachte,
doch wir verstanden sie erst, als sie schon entglitten war.

#22UhrNonMention
01.10.2016 / 22:07 Uhr

**„Es gibt keinen Menschen ohne Fehler,
liebe mich mit meinen ...“**
*In den Rissen unserer Unvollkommenheit
liegt die wahre Tiefe der Verbindung.
Die Fehler, die uns prägen,
die Narben, die wir im Verborgenen tragen,
sie sind nicht zu leugnen.
Aber in ihnen findet sich die Chance,
nicht trotz, sondern gerade wegen ihnen,
uns bedingungslos zu lieben.*

**#ausGruenden
22.06.2016 / 21:27 Uhr**

„In einem Vorwurf hat weder das Vermissen, die Sehnsucht noch die Liebe Platz."
Ein Vorwurf erstickt das Fließen der Gefühle,
er lässt keine Lücke, in der Sehnsucht atmen kann.
Wo Schuld und Groll wachsen,
verblasst die Zärtlichkeit,
und das Vermissen wird zu einer Last,
die das Herz schwer macht.
Liebe findet keinen Raum im Schatten der Vorwürfe,
sie muss im Licht der Vergebung wachsen.

#22UhrNonMention
09.08.2016 / 22:10 Uhr

„Ich habe den Blick nicht abgewandt,
sondern ihn gesenkt.
Du würdest viel darin erkennen.
Es würde wehtun,
es würde über Liebe sprechen.“
Ich wich nicht aus –
ich hielt dem Moment nicht stand.
Nicht aus Feigheit,
sondern weil der Schmerz zu groß war
für offene Augen.
In meinem gesenkten Blick
lagen Welten aus Gefühl,
unausgesprochene Nähe,
versteckte Tränen.
Er hätte Dir alles gezeigt –
wenn Du hingesehen hättest.

08.09.2016 / 20:52 Uhr

„Herzwunden sind tief."
Sie bluten leise,
nicht sichtbar für das bloße Auge.
Sie tragen Erinnerungen in sich,
die nicht heilen,
sondern lehren.
Und manchmal,
wenn es still wird in uns,
spüren wir sie wieder –
nicht weil wir schwach sind,
sondern weil wir einst geliebt haben.

#22UhrNonMention
16.09.2016 / 22:04 Uhr

„Ich ertrage die Stille in meiner Welt sehr gut",
sagt das Leben
und schüttelt sich
die Erinnerungen von den Schultern ab.

Als wären sie nur Staub,
doch jeder Hauch davon
war einst ein Sturm.
Es sagt es leise,
fast trotzig,
fast tröstend –
doch wer genau hinhört,
vernimmt das Zittern
zwischen den Zeilen.

03.04.2017 / 21:47 Uhr

„Ich habe so viele Schubladen in den Köpfen der Leute bedient und bewohnt.
Dumm nur,
dass keine innere Ausstattung
mich verweilen ließ."

Sie waren schon eingeräumt,
bevor ich eintrat.
Vorurteile wie Tapeten,
Kategorien wie Möbelstücke,
und ich –
ein Gast auf Zeit
in Räumen,
die nie für mich gedacht waren.
Nicht, weil ich nicht passte,
sondern weil niemand fragte,
was ich mitbringen würde.

20.10.2016 / 17:28 Uhr

**„Das Herz starb durch die körperliche Ablehnung.
Die Liebe durch die gesagten Worte."**
Manchmal braucht es keinen Abschied,
nur eine Berührung,
die ausbleibt.
Und Worte,
die wie Klingen schneiden –
nicht, weil sie laut waren,
sondern weil sie wahr klangen
in ihrer Kälte.
So endet nicht nur ein Gefühl,
sondern das,
was hätte bleiben können.

18.07.2016 / 08:10 Uhr

**„*Ich liebe Dich!*
Nicht schlimm.
Wir haben endlos viel Zeit."**

Vielleicht war's ein Flüstern gegen die Zeit.
Oder ein Lächeln,
das dem Moment Gewicht nahm.
Denn Liebe eilt nicht.
Sie wartet –
nicht auf Erwiderung,
sondern auf Echtheit.
Und wenn sie bleibt,
dann ist selbst die Ewigkeit
ein kurzes Innehalten.

25.07.2016 / 19:27 Uhr

**Meine Vorstellung von Liebe wurde von Poesie beeinflusst und alten Geschichten…
Vielleicht bin ich deswegen etwas „anders".**

*Vielleicht liebst du nicht in Likes,
nicht in schnellen Blicken oder halben Herzen.
Sondern in ganzen Sätzen,
in Briefen,
in stillen Opfern.
Vielleicht bist du anders,
weil du noch glaubst,
dass Liebe mehr ist
als ein befristetes Gefühl.
Mehr Echo als Stimme.
Mehr Bleiben als Begehren.
Und ja –
genau das macht dich anders.
Und genau das macht dich
wahr.*

24.07.2016 / 18:05 Uhr

„Wenn die Liebe zeitlos ist, warum reden wir dann von Trennung?"
Vielleicht,
weil wir verwechseln,
was vergeht mit dem, was bleibt.
Weil Körper gehen,
aber Seelen oft noch Hand in Hand durchs Unsichtbare
wandern.
Weil Herzen sich entfernen,
aber Erinnerung nicht auf Abstand hört.
Weil Trennung ein Wort ist,
und Liebe ein Gefühl –
und Gefühle kennen keine Uhr.
Vielleicht reden wir von Trennung,
weil wir nicht wissen,
wie man sonst Abschied sagt
von etwas,
das nie wirklich aufhörte.

03.07.2017 / 21:09 Uhr

„Komm, lass mich Dich erfüllen", sagt die Leidenschaft zur Seele.
„Hier hast Du nur den Körper", erwidert diese.
02.04.2017 / 19:38 Uhr

Ein Dialog aus Glut und Tiefe,
ein Tanz zwischen Verlangen und Wahrheit.
Die Leidenschaft pocht an die Tür der Ewigkeit,
doch die Seele kennt den Schlüssel nicht –
nicht für Räume,
in denen nur der Körper wohnt.
„Ich will mehr als Feuer", sagt die Seele leise,
„ich will Licht."
Doch die Leidenschaft, ungeduldig, flackert weiter,
in der Hoffnung,
dass Flammen auch Seelen wärmen können.

**„Halte die, die Dich von ganzem Herzen liebt, in Ehren.
Erinnere Dich ab und an an mich."**
18.08.2016 / 22:06 Uhr

*In der Stille,
wo keine Worte mehr fliegen,
wo Zeit nicht zählt,
bleibt ein leiser Ruf –
ein Flüstern in den Wind.
Die Liebe, die nicht fordert,
sondern schenkt,
trägt ihre Spuren im Herzen,
auch wenn der Weg uns trennt.
Und wenn Du einmal in Gedanken wanderst,
wirst Du mein Lächeln finden,
als stilles Versprechen,
das niemals ganz verloren geht.*

„Dieses Herz, nur Dich vermisst es…"
03.07.2016 / 22:05 Uhr

In jedem Schlag,
den es für Dich macht,
verblasst die Welt,
bleibt nur das Bild Deiner Nähe.
Es fehlt nicht an Worten,
es fehlt an der Stille,
die Deine Gegenwart in sich trägt.
Es ist nicht das Fehlen von Dir,
sondern das Erfüllen des Raumes,
der ohne Dich existiert –
und das Herz bleibt ein stiller Zeuge,
verblasst in der Erinnerung,
die niemals ganz vergeht.

Bis Bald.

#Träume Schriften #Zeichen #Wir #Wut #Ängste #Kaffee #Zweifel #Wünsche #Himmelsbeobachtung #Sehen #Sehnsucht #Entdecken #Leben #EinWir #Komm #Vielleicht #Irgendwann #Leidenschaft #Hoffnung #Baby #Finden #Suchen #Leere #Wünsche #Schriften #Zeichen #kommzuMir #Lebenszeichen #Süß #Gedanken #Spuren #Hinterlassen #Sommer #Herbst #Winter #Geräusche #Laut #Leise #Vermissen #Woche #Nachts #Schlaflos #Ruhelos #Machtlos #Verstand #Herz #Stark #Stärke #Schwäche #Himmel #Melancholie #Glück #Besiegelung #Du #WennundAber #Herzrasen #Schlafen #Aufwachen #Gedichte #Sex #Reinheit #Unterschiede #Kuss #IchbraucheDich #Duft #Erleben #Entscheidungen #Woche #Monate #Jahre #Sehnen #Herzrasen #Spiel #Spiegel #Gemeinsamkeiten #Allein 22UhrNonMention #Momentaufnahmen #Liebe #IchLiebeDich #Wasmanniemalsvergisst #Wein #Wunderland #DubistAnders #Erlösung #Unschuld #MitDirSein #Sehen #Alleinsein #Twitter #140Zeichen #Dunkelheit #Besiegelung #Glauben #UnsErkennen #UnddannkamstDu #Reue #Schatten #Farbe #SeptemberMomente #Schöngeist #Freigeist #FensterbankRomantik #Lektüre #September #Leise #SchrittumSchritt

#GedankenAnstalt
140 Zeichen mehr oder weniger...

#Inspiration   #Kaffeepause   #LieblingsMensch
#Fesseln   #GedankenKetten   #IchgehöreDir
#WiesehrichDichliebe   #Rette   #Herzschmerz
#UnsereHerzen   #Schicksal   #Lieblingssätze
#Schlüssel #Kapitel #Heldenhaftes #Abschließen
#Lesen #Gründe #Verlieren #Riskieren #Blick
#Abwenden #Wehtun #Seelenverwandtschaft #Seele
#Geborgenheit   #Wortliebe   #Wortverliebt
#Vergissmichnicht #vonZeitzuZeit #Generationen
#Traummensch   #zeigmirdieLiebe   #Geduldig
#Gedankenflüstern   #Liebesbriefe   #Absichten
#Entschlüsselung #Basis #Realität #Welt #Weil
#Kuscheln #Ichwillschlafenmitdir #Rosa #Ablegen
#Licht   #StirnKuss   #Blässe   #Nachrichten
#IcherhebemeinGlas   #Ratschläge   #Seelenherz
Gedankenmomente   #Schlafmitmir   #Endlich
#Sonnenuntergang   #Sprich   #Straßenrand
#Herzschmerz #NonMentions #Rückblickend #Wert
#Sein #Abbitte #Verloren #dunkleTage #Deckmichzu
#Sprüche   #Zigarette   #Texte   #LeereMenschen
#Motivation #IchsucheMich #BindeDichanmichfest
#IchhattekeineWahl #DubistmeineSicherheit #Heute
#1001   #Phantom   #Bringmichweg   #Gesichter
#ElfMinuten   Respekt   #SolangeDumichLiebst
#Schokolade #Überleben #Engel #Meins #MeinHerz
#FreierFall #Ziel #Kuschel #duBist